Die SOS-*Bibel*
Stoßgebete

Gesammelt und kommentiert
von Bernhard Meuser

Die SOS-*Bibel*

STOSSGEBETE

hilft sofort!

PATTLOCH

Zum Autor

Bernhard Meuser (*1953), Verlagsleiter und religiöser Autor. 1989 katholischer Journalistenpreis. Mitglied der Europäischen Akademie der Wissenschaften und Künste.

Bibliografische Information Der Deutschen Bibliothek
Die Deutsche Bibliothek verzeichnet diese Publikation in der Deutschen Nationalbibliografie; detaillierte bibliografische Daten sind im Internet über http://dnb.ddb.de abrufbar.

Umschlaggestaltung: Atelier Lehmacher, Friedberg
Umschlagfoto: ZEFA/Corbis/Matthias Kulka
Innengestaltung: Hartmut Czauderna
Druck und Bindung: Uhl, Radolfzell
Printed in Germany

ISBN-13: 978-3-629-02121-2
ISBN-10: 3-629-02121-2

www.pattloch.de

Das Geheimnis der Stoßgebete

Wenn es eine Gebetsform gibt, die selbst Menschen vertraut ist, die sonst keinen direkten Kontakt zu Gott suchen, so ist es das *Stoßgebet*. Was wenige wissen: Das Stoßgebet besitzt eine wirkliche spirituelle Tradition und ist alles andere als ein Notnagel für bekennende Heiden, denen das Wasser bis zum Hals steht. Es gibt feststehende Formulierungen und Anrufungen, die hier erstmals bündig gesammelt werden – und alle haben sie eine kleine Geschichte, die ihnen Tiefe verleiht und Menschen anregt, diese faszinierende Gebetsform in ihr Leben zu integrieren.

Bernhard Meuser

Herr Jesus Christus, Sohn des lebendigen Gottes, erbarme dich meiner!

Herr Jesus Christus

DAS klassische »Jesusgebet« (siehe dazu auch die Ausführungen im Anhang). Man kann es im Atemrhythmus beten und immer dann hervorholen, wenn man gerade einen Moment Zeit hat.

Herr, erbarme dich!

DAS »Kyrie eleison« der Heiligen Messe findet sich in Mt 20,30, wo die beiden Blinden in Jericho Jesus zurufen: »Herr, Sohn Davids, hab Erbarmen mit uns!« Ein Stoßgebet, das zum Ausdruck bringt, wie sehr wir in jeder Phase unseres Lebens von der Gnade Gottes abhängig sind.

Herr, erbarme dich!

Mein Herr und mein Gott!

Mein Herr und mein Gott!

THOMAS war der skeptischste unter den Jüngern. Jesus musste ihm nach der Auferstehung erst seine Wunden zeigen, um seinen Glauben zu provozieren. Umso beschämter und absoluter wurde sein Bekenntnis (Joh 20,28). Eines der schönsten, wichtigsten und direktesten Stoßgebete.

Herr, segne mich!

AUCH: Herr, segne ihn! Herr, segne sie! Das Stoßgebet, mit dem man um den Segen von Gott bittet, sollte vor keiner wichtigen Veränderung, keinem Neuanfang fehlen. Aber warum sollte man es nicht permanent beten? Wenn ich mit einer neuen Arbeit beginne; eine Minute vor der Konferenz oder dem Unterricht; wenn die Kinder am Morgen das Haus verlassen.

Herr, segne mich!

Im Namen des Vaters,
des Sohnes und des
Heiligen Geistes!

Im Namen des Vaters

AUCH die traditionelle trinitarische Gebetseröffnung, die häufig zu einer leeren Floskel verkommen ist, ist ein starkes Stoßgebet. Wir bekennen darin, dass wir in, mit und durch Gott leben, dass wir von allen Seiten von Ihm umfangen sind, dass wir nicht auf eigene Rechnung leben, sondern in Seinem Namen handeln.

Herr, bewahre uns!

EINE Variante des Stoßgebetes ist die Bitte um *Bewahrung*. Nach dem Evangelium (Mt 4,1-11) wurde sogar Jesus in Versuchung geführt. Keinem Menschen bleiben Erprobungen und Versuchungen erspart. Wichtig ist dann der heiße Draht nach oben – und vielleicht dieses Stoßgebet.

Herr, segne und bewahre uns!

Vater,
in deine Hände
lege ich meinen
Geist!

Vater, in deine Hände

EIN Stoßgebet Jesu – nach Ausweis des Evangelisten Lukas (Lk 23,46) sein letztes Wort am Kreuz. Eine Kapitulation des Vertrauens vor dem Willen Gottes! Dieses starke Wort ist nicht nur für unsere eigene Sterbestunde gut, sondern überall da angebracht, wo wir mit unserem Latein am Ende sind.

Zu dir erhebe ich

So lauten die Anfangsworte des Psalm 25 – ein Stoßgebet, wenn wir in Trauer sind oder von Depressionen gequält werden. In einem solchen Moment haben diese Worte eine wunderbar befreiende Wirkung. Und sie helfen auch dann, wenn wir in Gefahr sind, in der Banalität des Alltäglichen zu ersticken.

Zu dir erhebe ich meine Seele!

Großer Gott, wir loben dich!

Großer Gott, wir loben dich!

DAS »Te Deum laudamus«, dem unser deutsches Lied »Großer Gott, wir loben dich« entspricht, ist ein Gesang aus dem 4. Jahrhundert. Viel zu selten preisen wir Gott; meistens kommen wir nur mit Bitten zu ihm. Dabei weiß Gott längst, was für uns gut ist. Dieses uralte, Gott preisende Stoßgebet sollte zum Kanon unserer Gebete gehören.

Lass mich dein Lob verkünden!

DIESES positive Stoßgebet ist der Psalmvers 51,17. Gemeint ist: Lass mich dein Sänger sein! Lass es zu, dass ich etwas von deiner Größe, Liebe und Schönheit mitteilen darf! Seit alters eröffnet eine Variante dieses Verses das Chorgebet der Mönche: »Herr, öffne meine Lippen, damit mein Mund dein Lob verkünde!«

Herr, lass mich dein Lob verkünden!

Du allein bist der Heilige, du allein der Herr, du allein der Höchste!

Du allein bist der Höchste!

DIESES Stoßgebet ist dem uralten »Gloria« der Heiligen Messe entnommen, das teilweise Texte aus der Heiligen Schrift enthält und dessen Ursprünge bis ins 4. Jahrhundert zurückreichen. Ein Stoßgebet, das Gottes Größe und Heiligkeit preist und den Menschen hilft, das Motto der heiligen Teresa von Avila: »Gott allein genügt«, in ihr Leben zu integrieren.

Herr, dein Wille geschehe!

DIESES Stoßgebet ist auf doppelte Weise geheiligt. Es ist nicht nur Teil des Vaterunsers, sondern auch das abschließende Wort Jesu nach einer Nacht tödlicher Angst am Ölberg (Lk 22,42). Allein darum ist es das kraftvollste Wort in Angst, Ungewissheit und herannahender Bedrohung. Mit diesem Stoßgebet kann man gelassen nach vorne gehen.

Herr, dein Wille geschehe!

Herr, wenn du willst, kannst du machen, dass ich rein werde!

Herr, wenn du willst

DAS Stoßgebet eines Aussätzigen (Mk 1,40), gleichzeitig ein Glaubensbekenntnis *und* eine Bitte, kann heute seine Kraft entfalten, wo Menschen die »reine Liebe« nicht erfahren können, weil sie in starken sexuellen Versuchungen leben, in (süchtiger) Neigung zu Promiskuität und Pornografie.

Jesus, hab Erbarmen mit mir!

DER blinde Bettler Bartimäus (Mk 10,4ff.) war ein Schreier, den seine Mitwelt am liebsten zum Schweigen gebracht hätte. Jesus hörte auf sein permanentes Schreien, heilte seine Blindheit und schickte ihn weg mit den Worten: »Geh, dein Glaube hat dir geholfen!«

Jesus, hab Erbarmen mit mir!

Jesus, sanft
und demütig
von Herzen,
bilde unser Herz
nach deinem Herzen!

Jesus, sanft und demütig

DASS Gott in Jesus »Herz« zeigt, ist eine aufregende Nachricht und der Kern der Herz-Jesu-Verehrung. Das vorliegende Stoßgebet, das man auch in der Kurzform »Bilde mein/unser Herz nach deinem Herzen« beten kann, ist der Herz-Jesu-Litanei entnommen. Ein ideales Wort für Menschen, die mit Herz auf die Herzlichkeit Gottes antworten möchten.

Herr, bleibe bei uns!

DIE Emmaus-Geschichte hat dieses Stoßgebet einer glücklichen Stunde (Lk 24,29) hervorgebracht. Frustrierte Jünger entdecken den hingerichteten Jesus als Lebendigen. Darum sollte man dieses Stoßgebet nicht nur am Abend beten und immer dann, wenn scheinbar alles schief läuft. Es passt auch wunderbar, wenn man gerade eine tolle Glaubenserfahrung macht und möchte, dass sie bleibt.

Herr,
bleibe bei uns!

Ich glaube, Herr, hilf meinem Unglauben!

Ich glaube. Herr

EIN Mann bringt seinen besessenen Jungen zu Jesus (Mk 9,24), ist aber hin und her gerissen zwischen Glauben und Unglauben (»Wenn du *kannst*, hilf uns!«). Jesus stellt ihn mit einem hoch provokanten Wort: »Wenn du kannst? Alles kann, wer glaubt.« Ein wunderbares Stoßgebet für zweifelnde, skeptische Christen!

EIN großes Wort aus jüngerer Zeit (als Quelle wird angegeben: Liegnitz 1828), mit dem man sparsam umgehen sollte. Aber es mag Stunden im Leben geben, in denen eine solch totale Überschreitung, hinter die man nicht mehr zurück kann, am Platz ist.

Jesus, dir leb ich;
Jesus, dir sterb ich;
Jesus, dein bin ich
im Leben und im Tod.

Mein Gott, mein Gott, warum hast du mich verlassen?

DAS bestürzende Stoßgebet Jesu am Kreuz (Mk 15,34) sollte uns ermutigen, in Stunden, in denen es absolut dunkel um uns ist, aus vollem Herzen Klage zu erheben und Gott auch harte Fragen zu stellen.

Vater, nicht wie ich will

EIN weiteres Stoßgebet Jesu aus der Nacht im Garten Getsemani (Mt 26,39). Dieses Stoßgebet ist immer dann angebracht, wenn unsere Pläne durchkreuzt werden und wir schwer damit ringen, dass es nicht nach unserem Kopf geht.

**Vater,
nicht wie ich will,
sondern wie du willst!**

Mein Herz ist bereit, o Gott, mein Herz ist bereit!

Mein Herz ist bereit!

DIESES Stoßgebet ist der achte Vers aus Psalm 57. Immer wieder macht Jesus deutlich, dass es nicht auf Äußerlichkeiten ankommt, sondern auf das Herz. Wir sollen herzhaft handeln, herzhaft glauben, mit dem Herzen beten. Ein solches Stoßgebet zu sprechen, hat nur Sinn, wenn es aus Liebe heraus und ganz von innen kommt.

Herr, was willst du?

ALS Saulus durch blitzartig einfallendes Licht vom Pferd gestürzt wird, stellt er dem Angreifer zwei Fragen. Die erste lautet: »Wer bist du?« (»Ich bin Jesus, der Nazoräer, den du verfolgst«). Die zweite (Apg 22,10) ist unser Stoßgebet. Es ist immer dann angebracht, wenn man sich von Gott gerufen weiß und mit heißem Herzen danach sucht, wofür man – nach Gottes Willen – da ist in der Welt.

Herr, was willst du, das ich tun soll?

Mir geschehe nach deinem Wort!

Mir geschehe

DAS Wort der Maria (Lk 1,38) ist für viele Christen bedeutsam geworden. Gott hat uns in seinem Wort Verheißungen gemacht – er hat uns etwas versprochen. Dieses Stoßgebet nimmt Gott beim Wort: Du hast mir etwas versprochen und du willst etwas von mir. Ich bin bereit dazu.

Herr, ich kann alles

DIESES Stoßgebet steht nicht in der Bibel, findet sich aber in vielen Gebeten. Wahrscheinlich ist es darum so beliebt, weil es ein mutiges und glaubensvolles Stoßgebet in der Situation der *Überforderung* ist. Teresa von Avila sagte in diesem Sinn einmal: »Wir sollen nicht darum beten, dass Gott uns die Lasten von den Schultern nimmt, sondern dass er uns den Rücken stärkt!«

Herr,
ich kann alles,
wenn du mich stärkst!

Nimm diesen Kelch von mir! Aber nicht wie ich will, sondern wie du willst!

Nicht wie ich will

NOCH ein Stoßgebet aus der dramatischen Nacht am Ölberg (Mk 14,36). Wenn wir nicht mehr können, wenn es uns zu viel wird, dürfen wir zu Gott schreien und ihn kraftvoll um Entlastung und Verschonung bitten. Gleichzeitig sollten wir Jesu Beispiel folgen und hinzufügen: »Aber nicht wie ich will, sondern wie du willst!«

Herr, ich bin nicht würdig

DIESES Stoßgebet, das Christen immer vor dem Kommunionempfang beten, ist das Wort eines Außenseiters, eines Nichtisraeliten. Der Hauptmann von Kafarnaum beschämt hier den Glauben der Insider. Wenn man nur die zweite Hälfte des Textes betet, ist es eines der stärksten Stoßgebete für Menschen mit seelischen Problemen: Verletzungen aus der Kindheit, Ängste, Süchte, Labilitäten.

Herr, ich bin nicht würdig, dass du eingehst unter mein Dach. Aber sprich nur ein Wort, so wird meine Seele gesund.

Herr, rette mich!

Herr, rette mich!

DAS Wort des Petrus, der plötzlich den Mut verliert, als er Jesus auf dem Wasser entgegengeht (Mt 14,30), ähnelt dem Wort der Jünger während des Seesturms »Herr, rette uns, wir gehen zu Grunde!« (Mt 8,25). Diese Worte sind das klassische Stoßgebet in einer Situation höchster Not. In beiden Fällen beruhigt Jesus seine Jünger und fragt gleichzeitig, warum ihr Glaube so klein ist, wenn es einmal darauf ankommt.

Herr, du weißt alles

IM 21. Kapitel des Johannesevangeliums – Jesus ist schon auferstanden – prüft Jesus den Petrus mit der dreimaligen Frage nach seiner Liebe zu ihm. Diese Frage bleibt keinem Christen erspart. Die Antwort Petri ist die Antwort eines reifen Mannes, der seine Nachtseiten und Sündenfälle bis zum Überdruss kennt und trotzdem zu seiner Liebe steht.

Herr, du weißt alles,
du weißt auch,
dass ich dich liebe!

Jesus, sei mir Jesus!

DAS Stoßgebet des nur scheinbar oberflächlich komödiantischen heiligen Philipp Neri ist eines der tiefsten Gebete der gesamten spirituellen Literatur. Übersetzungen machen es nur länger und ungenauer – etwa diese: Jesus, sei du der für mich, der du zutiefst in deinem Wesen bist.

DAS Stoßgebet des charismatischen französischen Jesuitenpriesters Pierre Olivaint – er wurde 1816 geboren und während des Aufstandes der Pariser Kommune 1871 hingerichtet – ist der Anfang eines Gebetes, und es spielt auf ein Schriftwort von Paulus an: »Er muss wachsen in mir, ich aber abnehmen!«

Wachse, Jesus, wachse in mir!

Mein Gott, ich glaube an dich; lass mich fester glauben. Ich hoffe auf dich; lass mich sicherer hoffen. Ich liebe dich; lass mich inniger lieben.

Papst Clemens XI.

Mein Gott, ich glaube an dich

VON Clemens XI. (1649–1721), einem Papst aus dem frühen 18. Jahrhundert, – er hinterließ keine größeren Spuren in der Kirchengeschichte – stammt dieses seit nun fast 300 Jahren beliebte Stoßgebet. Vielleicht war es sein Lebensmotto. Es verwandelt die drei theologischen Tugenden Glaube, Hoffnung und Liebe in einen innigen Ruf nach Gott.

Komm: Schöpfer Geist

HRABANUS Maurus, einem gelehrten heiligen Mönch des 9. Jahrhunderts, schreibt man das »Veni creator spiritus« zu, dessen Eröffnungsvers auch wichtiges Stoßgebet ist. Man kann es den ganzen Tag immer wieder dann beten, wenn Menschen zu einer gemeinsamen Sache zusammenkommen.

Komm, Schöpfer Geist, kehr bei uns ein!

Komm, Heiliger Geist,
entzünde in mir das Feuer
deiner Liebe!

»ACCENDE lumen sensibus«, entzünde das Licht der Sinne, lautet die vierte Strophe des großartigen Heiliggeisthymnus »Veni creator spiritus«. Das wurde wohl die Vorlage für dieses fundamentale Stoßgebet. Der Verbindungsweg zu Gott ist Lieben – nicht Verstehen: »Wer nicht liebt, hat Gott nicht erkannt; denn Gott ist die Liebe« (1 Joh 4,8).

Maria!

DEM heiligen Philipp Neri (1515–1595) konnten die Gebete nicht kurz und schlicht genug sein. Manchmal bestand sein Gebet nur noch aus der Anrufung von Namen: »Maria!« etwa. Was kann da mitschwingen, wenn man einen Namen aus ganzem Herzen anruft! Das kürzeste Stoßgebet des Neuen Testamentes ist übrigens der Ruf der Maria von Magdala: »Meister!« (Joh 20,16), mit dem sie den Auferstandenen erkennt.

Maria!

Herr, mach mich zum Werkzeug deines Friedens!

Mach mich zum Werkzeug

MANCHE nennen Franz von Assisi als Quelle dieses Gebetes, dessen erster Vers zum populären Stoßgebet wurde. Aber es ist wohl erst kurz vor dem Ersten Weltkrieg in der Normandie entstanden. Ist es nicht eine gute Idee, seine Wirk- oder Arbeitsstätte mit diesem kleinen Stoßgebet auf den Lippen zu betreten?

Kein Heiliger, keine Heilige zwischen Himmel und Erde wird so häufig angerufen wie Maria, die »Mutter Gottes« – und dies ist die Grundform aller Stoßgebete zu ihr. Darin manifestiert sich der Glaube, dass wir Marias mütterlichem Schutz anvertraut wurden. Es gibt ungezählte Zeugnisse gläubiger Menschen, die sich Maria in besonderer Weise anvertraut und Erfahrungen ihrer Hilfe gemacht haben.

Heilige Maria,
bitte für uns!

Maria, Mutter Gottes,
Königin des Friedens,
bitte für uns!

In der Rue de Picpus in Paris versammelte sich eine kleine Schar von Christen um die »Regina Pacis« herum, um mit ihr und im Gebet zu Gott die Gräuel der Französischen Revolution zu überleben. Wie diese Christen haben sich viele andere Christen aus gutem Grund die häufige Anrufung der »Königin des Friedens« zu einer spirituellen Gewohnheit gemacht.

IN besonders brenzligen Situationen kann man sich im Glauben mit allen Engeln und Heiligen verbinden und gemeinsam mit ihnen vor Gottes Thron treten.

All ihr Engel und Heiligen, bittet für mich!

Heiliger Schutzengel,
steh mir bei!

»DER Engel ist gleichsam der persönliche Gedanke, mit dem Gott mir zugewandt ist«, so definiert Joseph Ratzinger, Papst Benedikt XVI., was ein Engel ist. Engel, sagt der Glaube, sind personale Wesen. Man kann daher mit ihnen in Kommunikation treten, sie anrufen. Viele Christen könnten für sich entdecken, dass Engel keine Relikte ihres Kinderglaubens, sondern eine hilfreiche spirituelle Realität sind.

SEIT alters her wird der heilige Josef häufig in geschäftlichen Dingen und besonders in wirtschaftlichen Notlagen angerufen. Die Ökonomen der Klöster haben eine besondere Beziehung zu »ihrem« Patron. Der Josef der Heiligen Schrift ist der Gerechte, der Sorger im Hintergrund. Sich seiner besonderen Fürbitte anzuvertrauen, etwa wenn man für den Unterhalt einer Familie aufkommen muss, ist sicher sinnvoll.

Heiliger Josef,
bitte für uns!

Heiliger Antonius,
bitte für mich!

Heiliger Antonius

STELLVERTRETEND für viele andere Heilige, die man anrufen kann, steht hier Antonius von Padua (1195–1295), ein hinreißender Heiliger aus dem unmittelbaren Umkreis des Franz von Assisi. Am Grab des Volksheiligen ereigneten sich so viele Wunder, dass schon Bonaventura sagte: »Wenn du Wunder sehen willst, geh zu Antonius.«

Mein Herr und mein Gott

DER Schweizer Einsiedler, Mystiker und große Ratgeber Niklaus von der Flue (1417–1487) hat eines der längsten Stoßgebete verfasst. Es ist jedoch so dicht, dass man keine Zeile daraus streichen könnte. Es liegt großer Segen darauf, dieses Gebet aus ganzem Herzen zu sprechen.

Mein Herr und mein
Gott, nimm alles von mir,
was mich hindert zu dir.
Mein Herr und mein Gott,
gib alles mir, was mich
fördert zu dir.
Mein Herr und mein Gott,
nimm mich mir und gib
mich ganz zu Eigen dir!

Nachwort

Als der gerade verstorbene »Ben Wisch« befragt wurde, wie er die Befreiungsaktion von Mogadischu erlebt habe, bekannte der Diplomat, er habe in seinem Leben nicht oft gebetet, aber in dieser Situation *»bin ich in eine Ecke gegangen, in der mich niemand sehen konnte, und habe gebetet«*. Wenn es eine Gebetsform gibt, die selbst Menschen vertraut ist, die sonst keinen direkten Kontakt zu Gott suchen, so ist es das *Stoßgebet*. Was wenige wissen: Das Stoßgebet besitzt eine wirkliche spirituelle Tradition und ist alles andere als ein Notnagel für bekennende Heiden, denen das Wasser bis zum Hals steht.

Nach allgemeiner Auffassung muss ein Gebet vor allem so sein: lang und wortreich. Zwar sollen wir nach dem Ausweis der Heiligen Schrift »ohne Unterlass« beten, aber nirgendwo steht geschrieben, dass unsere Gebete *wortreich* sein sollten. Ich fürchte: Solche Gebete langweilen Gott mindestens ebenso sehr wie den Beter selbst. Das »Betet ohne Unterlass!« heißt ja wohl: Wir sollen uns immer und immer wieder die liebevolle Gegenwart Gottes ins Bewusstsein rufen. Das ist etwas anderes als endlose Geschwätzigkeit.

Die biblischen Gebete sind niemals so ausschweifend und pädagogisch wie die Elaborate einiger moderner Verfasser von Gebeten, die – en passant der frommen Übung – Himmel und Erde erklären möchten, was Sache ist. Gott weiß es ohnehin. Und den Beter lenkt es von der Hingabe ab. Denn darum geht es – nicht um Verstehen, Motivation, Bewusstwerden und wer weiß was noch alles. Die Worte, mit denen Jesus seinen Jüngern das Beten beibrachte, bestehen gerade einmal aus acht Bitten; und doch greift das Vaterunser den ganzen Kosmos menschlicher Existenz zwischen Himmel und Erde ab.

Die Menschen, die mit ihrem Leid und ihren Fragen zu Jesus kamen, benutzten wenige Worte. Sei es, dass Jesus zu beschäftigt war, sei es, dass sie spürten: Mehr ist nicht notwendig. Sie sagten Worte wie: »Wenn du willst, kannst du machen, dass ich rein werde!« (Mk 1,40), »Ich glaube, hilf meinem Unglauben!« (Mk 9,24), »Jesus, hab Erbarmen mit mir!« (Mk 10,48), oder sie fassten ihre Empfindung in eine so unvergängliche Formel wie das »Mein Herr und mein Gott!« (Joh 20,28) des ungläubig-gläubigen Thomas. Das alles sind *Stoßgebete*, und kein Mensch ist befugt, sie für besonders schlechte Gebete zu halten. Vielleicht sind Stoßgebete sogar die eigentlichen Gebete, weil sie frei von allen Floskeln sind und sich direkt an das Herz Gottes wenden. Der heilige Philipp Neri hat sie deshalb auch *Pfeilgebete* genannt und sie immer wieder empfohlen.

Wenn es in der Kirche einen Fachmann für Stoßgebete gibt, so ist dies ohne Zweifel dieser Philipp Neri (1515–1595). Einmal sagte er: *»Bei den Leuten, die Gott dienen, gibt es einen alten Brauch. Sie haben immer ein paar Gebete bereit, die sie den Tag über wie Pfeile zu Gott hochschießen. Und damit erheben sie sich im Geist aus dem Dreck dieser Welt zu Gott. Wer diesem Rat folgt, wird mit wenig Einsatz großen Erfolg haben.«* Der Heilige, von dem man sagt, er habe Rom durch seine Fröhlichkeit wiederbekehrt, war ein echter Kauz, der auch vor drastischen Späßen nicht zurückschreckte. Philipp liebte die Freude und er liebte das Gebet: *»Nichts hilft einem Menschen mehr als das Gebet«*. Das Beten, das er lehrte, war ein Beten des Herzens, der totalen Konzentration und der Liebe. Fromme Pflichtübungen waren ihm ein Gräuel. Weil ihm das »Ave Maria« zu lang war – Heilige dürfen das –, verkürzte er es auf »Jungfrau Maria, Mutter Gottes, bitte Jesus für mich«. Quadratisch, praktisch, gut. Apropos praktisch: Neri »erfand« dazu gleich einen Rosenkranz mit 63 Anrufungen. Wann immer Neri betete, übte er sich in der Reduktion auf das Wesentliche. Eines seiner merkwürdigen Gebete lautete: »Jesus, sei mir Jesus!« Ein hinreißend tiefes Gebet! Oder er rief nur den Namen »Maria!«. Das war alles. Simplify your religion!

Philipp Neri war mit seiner Vorliebe für Stoßgebete kein verrückter Außenseiter. Es gibt einen mystischen Unterstrom in der Kirche, der sich aus dem Neuen Testament über die Wüstenväter und Anachoreten der Frühzeit bis in die Gegenwart hinüberzieht. Im Lukasevangelium lesen wir von Maria, dass sie »all diese Worte in ihrem Herzen bewegte« (Lk 2,19). Das wurde dann die Kernstelle dieser mystischen Bewegung. In ihr suchten Menschen die Nähe Gottes in wenigen kernhaften Worten, im steten Wiederholen von »Herr, erbarme dich!«, »Herr, sei mir nahe!«, »Herr, rette mich!«. Berühmtheit erlangt hat das »Herzensgebet« (auch »Jesusgebet« genannt), das in neuerer Zeit vor allem russische Wandermönche, die so genannten Stareze (oder Starizim), lehrten. Es ist in mehreren Versionen bekannt und lautet entweder »Herr, Jesus Christus, erbarme dich unser!« oder »Herr! Jesus Christus, Sohn des lebendigen Gottes, erbarme dich meiner/unser!«. Wie es in dem Klassiker »Die aufrichtigen Erzählungen eines russischen Pilgers« dargestellt ist, soll man dieses Gebet ohne Unterlass sprechen, so dass es in Fleisch und Blut übergeht und auch dann seine Kraft entfaltet, wenn es nur im Unterbewussten geschehen kann, weil man seine Konzentration natürlich die meiste Zeit auf Arbeit und menschlichen Umgang ausrichten muss und nicht quasi neben sich stehen kann. Die Russen haben das »Jesusgebet« wie gesagt nicht erfunden. Seine ersten Vorläufer finden sich schon im 4. Jahrhundert bei Makarios und Evagrios Pontikos. Dann haben sich im Wesentlichen die Mönche vom Berg Athos dieser Art des Betens angenommen und sie bis in die Gegenwart tradiert.

Stoßgebete richten sich oft auch an Heilige. So soll es nicht wenige bekennende Atheisten geben, die auf den heiligen Antonius schwören, weil der gern dabei hilft, verlegte Dinge wiederzufinden. Besonders für evangelische Christen ist die Anrufung der Heiligen ein Stein des Anstoßes. In der katholischen Kirche gibt es nicht diese diametrale Gegenüberstellung des heiligen jenseitigen Gottes mit dem sündigen Menschen wie in der evangelischen Kirche. Gott ist hier der Heilende und Heiligende, der Menschen durch seine Gnade erlöst und dauerhaft in seine Nähe ruft. So sind die Heiligen lebendige Menschen in der Nähe Gottes, mit denen man auch kommunizieren kann. Die Anrufung der Heiligen ist *dann* kein Aberglaube, wenn man sich mit den Heiligen auf Gott ausrichtet, sie gewissermaßen zu Verbündeten in einer gerechten Sache macht. Besonders die Anrufung von Maria ist weit verbreitet. Sie entspringt einer einfachen Überlegung: Maria war und ist der Mensch, der Jesus am nächsten kam. Ihre Mütterlichkeit hört nicht auf. Sie ist da, liebt und sorgt noch immer. Man kann Gemeinschaft mit ihr suchen und sich von ihr zu Gott führen lassen.

Viele Menschen haben »ihren« Heiligen; sie stellen sich gewissermaßen in guter Gesellschaft vor Gott hin. Philipp Neri ist ansteckend durch seinen Optimismus und seine Freude. Ignatius von Loyola könnte helfen, wenn es um Selbstdisziplin und gutes Management geht. Therese von Lisieux war voller Einfachheit, Liebe und Vertrauen. Bernhard von Clairvaux wusste: »Glühen ist mehr als Wissen« – er ist deshalb vielleicht ein Heiliger für Intellektuelle. Sie alle sind Facetten, in denen sich das eine Licht Gottes bricht. Man kann diese Heiligen herbeirufen, wenn es brenzlig wird: »Heiliger Franziskus, bitte für mich!« Die Erfahrung zeigt: Das führt von Gott nicht weg. Es verstärkt die Power unserer Gebete. Heilige sind ansteckend und führen immer zum Kern. »Heilige sind Menschen, durch die es anderen leichter wird, an Gott zu glauben« (N. Söderblöm).

Die meisten Stoßgebete sind Bitten. Oft fällt einem Menschen dieses Mittel erst dann ein, wenn er in höchster Not ist. Jesus selbst hat das Bittgebet legitimiert und er hat mehr als einmal aufregende Dinge dazu gesagt. Im Matthäusevangelium heißt es kategorisch: »Und alles, was ihr im Gebet erbittet, werdet ihr erhalten, wenn ihr glaubt«(Mt 21,22). Auch bei Lukas steht: »Bittet, dann wird euch gegeben; sucht, dann werdet ihr finden; klopft an, dann wird euch geöffnet« (Lk 11,9). Die Haltung Jesu ist also völlig eindeutig: Er verpfändet seine Glaubwürdigkeit darauf, dass der Mensch bitten soll – und dass er ganz gewiss erhört wird, wenn er voll Glauben bittet. Und was ist mit den vielen unerhörten Bitten? Interessanterweise gibt es in der Heiligen Schrift eine Gebetsbitte von Jesus selbst, die nicht erhört wurde, die Ölbergbitte, dass der Kelch doch an ihm vorübergehen möge. Der Holländische Katechismus schreibt dazu: »Jesus bat um Erlösung vom Leid des Karfreitags, aber er bekam den Ostermorgen!«. Gott erfüllt unsere Bitten – das können auch wirkliche Beter bezeugen – aber er erfüllt sie auf seine Weise.